Anita Bilalovic

Geschäftsprozessanalyse in der SAP-Referenzstruktur

Anita Bilalovic

Geschäftsprozessanalyse in der SAP-Referenzstruktur

GRIN Verlag

Bibliografische Information der Deutschen Nationalbibliothek: Die Deutsche Bibliothek verzeichnet diese Publikation in der Deutschen Nationalbibliografie; detaillierte bibliografische Daten sind im Internet über http://dnb.d-nb.de/ abrufbar.

1. Auflage 2008
Copyright © 2008 GRIN Verlag
http://www.grin.com/
Druck und Bindung: Books on Demand GmbH, Norderstedt Germany
ISBN 978-3-640-23063-1

FOM Fachhochschule für Ökonomie & Management

München

Berufsbegleitender Studiengang zum
Diplom Wirtschaftsinformatiker

Seminararbeit im Fach Betriebsinformatik 1
(Integrierte Anwendungssysteme)

zum Thema
Geschäftsprozessanalyse in der SAP-Referenzstruktur

Autorin: Anita Bilalovic

München, den 16. Februar 2008

Abstrakt

Die SAP-Referenzstruktur beschreibt in weitestgehend grafischer Darstellung die unterschiedlichen Aspekte der betrieblichen Realität. Sie bedient sich dazu zahlreicher Referenzmodelle, die dem implementierenden Unternehmen als Vorlage dienen sollen. Die vorliegende Arbeit untersucht anhand diverser Kriterien der Prozessmodellanalyse zwei Beispielprozesse aus der Referenzstruktur. Dabei wird zunächst auf einige Begriffe rund um die Geschäftsprozessanalyse eingegangen und die Anwendung SAP-Referenzstruktur 4.6C vorgestellt. Anschließend wird eine Studie kurz umrissen, welche - als eine der wenigen - Geschäftsprozesse empirisch untersucht hat. Abschließend erfolgt die Analyse zweier Prozesse, wobei dabei sowohl formale Kriterien als auch Praxiserfahrung Anwendung finden.

Schlüsselbegriffe: Geschäftsprozesse, Referenzmodelle, Prozessmodellanalyse, EPK, SAP-Referenzstruktur

Inhaltsverzeichnis

Markenrecht

Produktnamen, Marken und Logos genannter Unternehmen werden in dieser Arbeit lediglich zum Zweck der Information dargestellt. Inhaber dieser Produktnamen, Marken und Logos sind die jeweiligen Firmen. Die Verwendung der Produktnamen, Marken und Logos der jeweiligen Firmen durch Dritte – gleich in welcher Weise - ist unzulässig.

Abkürzungsverzeichnis

Abb.	Abbildung
ASAP	Accelerated SAP
BPMC	Business Process Model Converter
bzw.	Beziehungsweise
d.h.	das heißt
eEPK	erweiterte Ereignisgesteuerte Prozesskette
EPK	Ereignisgesteuerte Prozesskette
et al.	und weitere
i.d.R.	in der Regel
i.S.d.	im Sinne der
insb.	insbesondere
IT	Informationstechnologie
Q&A	Question and Answer
QM	Qualitätsmanagement
RM-ODP	Reference Model of Open Distributed Processing
sog.	sogenannt
vgl.	Vergleiche
YAWL	Yet Another Workflow Language
z.B.	zum Beispiel

Abbildungsverzeichnis

Tabellenverzeichnis

1. Einleitung

Neue Geschäftsmodelle und Konzepte erfordern flexible IT-Lösungen und Anwendungsarchitekturen, die sich den Geschäftsprozessen anpassen und nicht umgekehrt. Eine Antwort auf diese Anforderung sind die Serviceorientierten Architekturen (SOA). Sie brechen die starre Verzahnung von IT-Systemen und Prozessabläufen auf, indem IT-Anwendungen in modulare, wieder verwendbare Services zerlegt werden. Die Services werden zu technischen Prozessen orchestriert, damit sie fachliche Abläufe abbilden können. Wird ein Geschäftsprozess modifiziert, wird die technische Service-Orchestrierung neu abgestimmt und ausgeführt. Damit die Vorteile einer SOA erschlossen werden können, müssen die zu unterstützenden Geschäftsprozesse gründlich dokumentiert werden. Ohne diese Grundlage werden die technischen Service-Prozesse kaum den Bedürfnissen der Fachabteilung entsprechen. Die Dokumentation der Prozesse erfolgt meist auch in grafischer Form, wobei es zahlreiche Ansätze für die Umsetzung gibt. Einem Ansatz zur Geschäftsprozessmodellierung kommt jedoch eine besondere Bedeutung zu: den ereignisgesteuerten Prozessketten (EPK) der Architektur Integrierter Informationssysteme (ARIS).

Ein solches Abbild der Geschäftsprozesse versucht die SAP-Referenzstruktur zu bieten, die dafür u.a. auch ereignisgesteuerten Prozessketten verwendet.

Die vorliegende Arbeit befasst sich mit der Geschäftsprozessanalyse in der SAP-Referenzstruktur. Dabei wird zunächst auf einige Begriffe rund um die Geschäftsprozessanalyse eingegangen und die Anwendung SAP-Referenzstruktur vorgestellt. In der zweiten Hälfte wird anschließend eine Studie kurz umrissen, welche, als eine der wenigen, Geschäftsprozesse empirisch untersucht hat. Zudem werden beispielhaft zwei Prozesse aus der Referenzstruktur analysiert, wobei dabei sowohl formale Kriterien als auch Praxiserfahrung Anwendung finden.

2. Begriffsdefinitionen

Der Begriff „Prozess" und die damit verbunden Themen sind in der heutigen effizienzorientierten Gesellschaft zu Schlagworten geworden - sowohl in der Praxis, als auch in den meisten akademischen Disziplinen. Dabei erhebt jede Disziplin den Anspruch eigener präzisierender Definitionen. Die vorliegende Arbeit beschränkt sich auf die gängigen Begriffsbestimmungen der Wirtschaftsinformatik.

1.1. Geschäftsprozess

Ein Geschäftsprozess ist eine zielgerichtete, zeitlich-logische Vorgangskette von zusammenhängenden Aktivitäten (oder Prozessen), die quer zu den betrieblichen Funktionsbereichen verläuft und einen Beitrag zur Wertschöpfung liefert. Ein Geschäftsprozess hat ein definiertes Anfangs- und Endereignis und bildet stets eine Routineaufgabe im Unternehmen ab. [1]

1.2. Prozessmodellierung

Die Prozessmodellierung erfasst die real ablaufenden Geschäftsprozesse einer Unternehmung in Modellform und stellt dar, welchen Zweck die einzelnen Funktionen innerhalb der gesamten Vorgangskette erfüllen. Zu den wichtigsten Aufgaben der Modellierung zählen:[2]

→ Dokumentation der Prozesse im Unternehmen, wobei je nach verwendeter Sprache die Struktur der Organisation, die Daten des Unternehmens und die Abläufe integriert in einem gemeinsamen Modell abgebildet werden können (z.B. in einer eEPK).

→ Analyse- und Simulation, z.B. der Durchlaufzeiten beim Abwickeln von Abläufen

→ Unterstützung der Einführung von Standard- und Individualsoftware.[3]

1.3. Prozessanalyse

Die betriebswirtschaftliche Prozessanalyse ist Grundlage für die betriebswirtschaftliche Prozessmodellierung. Ihr Ziel ist es die Abläufe, Strukturen und deren Vernetzung im Untenehmen im Hinblick auf Optimierungsmöglichkeiten

---

[1] Vgl. Stahlknecht et al. (2005), S. 2
[2] Vgl. Mertens et al. (2004), S. 174-175
[3] bei Mertens wird zwar nur Standardsoftware erwähnt, dies betrifft aber alle Arten von Software.

zu erfassen und als sog. Prozessarchitektur darzustellen. Mit Hilfe einer Ist-Analyse werden dabei die strategisch relevanten Prozesse von den Supportprozessen selektiert und anschließend in Soll-Prozessen optimiert.[4] Die meisten Prozessarchitekturen bauen auf dem Wertkettenmodell nach Porter auf. Jedoch werden mittlerweile erweiterte Konstrukte für die Analyse verwendet. Insbesondere sind die Managementprozesse fester Bestandteil der Architektur geworden (vgl. Abb. 1).

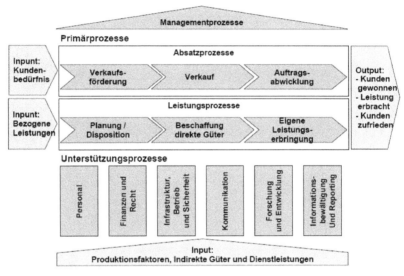

Abbildung 1: Erweiterte Prozessarchitektur [5]

1.4. Referenzmodelle

Referenzmodelle im softwaretechnischen Sinne beschreiben „einheitlich und strukturiert [den] betriebswirtschaftlichen Leistungsumfang eines Systems".[6] Um dieses System (i.d.R. eine Standardsoftware) effizient nutzen zu können, muss eine Anpassung der Modellstrukturen an die individuellen Prozesse eines Unternehmens vorgenommen werden (Customizing).[7]

---

[4] Vgl. Lück (2004), S. 556
[5] Quelle: Wölfle (2006), S. 10
[6] Vgl. Staud (1999), S.177
[7] Vgl. Becker (1999), S. 19

Da es sich bei Referenzmodellen meist um branchenspezifische Prozesse handelt, liegt ihnen eine „best common practice" zugrunde. Nach Scheer haben solche Modelle aus Anwendersicht daher folgende Anforderungen zu erfüllen:

→ Syntaktische Vollständigkeit und Korrektheit

→ Semantische Vollständigkeit und Korrektheit

→ Adaptierbarkeit (an die individuellen Erfordernisse des Anwenders und des Unternehmens zu jeder Zeit)

→ Anwendbarkeit (Ableitbarkeit individueller Modellstrukturen und deren Realisierung)

2. Die SAP-Referenzstruktur 4.6C

Die SAP-Referenzstruktur ist ein vom Unternehmen SAP AG entwickeltes Modul, in Ergänzung zur Hauptanwendung SAP R/3 ab Version 4.6.[8] Sie beinhaltet knapp 10.000 R/3-Referenzmodelle (in der Version SAP R/3 4.6), welche in weitestgehend grafischer Darstellung die unterschiedlichen Aspekte der betrieblichen Realität beschreiben, wie beispielsweise Informationsflüsse, Daten- und Organisationsstrukturen, die zeitliche Reihenfolge der durchzuführenden Aufgaben und die entsprechende Realisierung im R/3-System. Ferner bildet sie die Navigationsoberfläche der Q&A-Datenbank, die seit Release 4.7 Enterprise jedoch nicht mehr Bestandteil von SAP R/3 ist. Die Q&A-Datenbank ist mittlerweile in die ASAP-Methode aufgenommen worden, die sich im SAP Solution Manager wieder findet.[9] Auf der Basis der R/3-Referenzmodelle kann ein Unternehmen in einem unternehmensspezifischen Modell seine Unternehmenssituation abbilden (auch Business Blueprint genannt) (Abb. 2).[10]

---

[8] Es wird erst ab Version 4.6 in den Dokumentationen erwähnt.
[9] Vgl. Weidner (2004), S. 2
[10] http://help.sap.com/saphelp_46c/helpdata/de/...

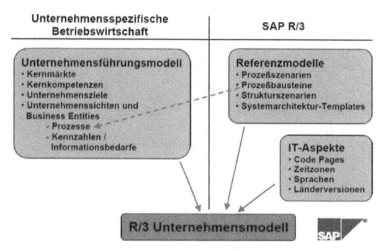

Abbildung 2: Abbild der Unternehmenssituation[11]

Für die modellgestützte Einführung und Pflege von SAP R/3 4.6 wurde 1998 ARIS for R/3 - eine Anwendung des Unternehmens IDS Prof. Scheer GmbH (heute IDS Scheer AG) - entwickelt.

Die unterstützten Modellierungsmethoden in ARIS for R/3 sind mit denen der SAP identisch (Wertschöpfungsketten und (e)EPK). Durch eine Schnittstelle zum Human-Resource-Modul von R/3 kann zusätzlich auf Organigramme zugegriffen werden.

Referenzmodelle von R/3 können gesichtet und verändert werden. Das Werkzeug besitzt eine bidirektionale Schnittstelle zum Repository des Business Engineer, der zentralen Ablage für alle Entwicklungsobjekte der ABAP Workbench. Durch diese Kopplung können die Modelle z.b. auch um zusätzliche Objekte ergänzt werden, die nicht im Repository vorgesehen sind. Dies wird für die Darstellung der Anbindung externer Systeme oder für Schulungs- und Dokumentationszwecke (z.B. von manuellen Prozessen) als sinnvoll angesehen, birgt jedoch in der Praxis die große Gefahr der inkonsistenten Prozessdarstellung.

---

[11] Vgl. Lietschulte (1999), Folie 25

3. Prozessmodellanalyse

Wie in 2.1 beschrieben, bedeutet „Prozessanalyse" in erster Linie, die Aufnahme und Überprüfung von Unternehmensabläufen. Analysiert man die kleinste abstrakte Einheit eines Unternehmens, das Prozessmodell selbst, so schließt „Prozessanalyse" auch die Überprüfung der semantischen und syntaktischen Korrektheit, bzw. Vollständigkeit eines bereits modellierten Prozesses ein. Insbesondere bei Referenzmodellen ist es wichtig, eine solche Korrektheit gewährleisten zu können, da sie als Grundlage für weitere Modellierungen dienen. (vgl. 2.4).

Im Nachfolgenden wird die Prozessmodellanalyse vorgestellt, wobei auf eine Studie, welche die SAP-Referenzmodelle zum Gegenstand hatte, näher eingegangen wird. Im Anschluss werden anhand ausgewählter Kriterien beispielhaft zwei Prozesse aus der SAP-Referenzstruktur analysiert.

3.1. Überblick

Seit Mitte der neunziger Jahre häufen sich Publikationen, welche die Analyse modellierter Prozesse thematisieren. Da anfangs Modellierungssprachen primär von den Naturwissenschaften verwendet wurden, lag der Fokus eher auf der Untersuchung rein syntaktischer Fehler. Mittlerweile haben modellierte Prozesse in alle Disziplinen Einzug gehalten, so dass auch Methoden der Semantik für die Verifikation immer wichtiger wurden.[12]

Dabei werden nicht nur jene Fehler untersucht, die durch den Modellierer verursacht wurden, sondern es wird auch auf Unzulänglichkeiten der Modelliersprache selbst eingegangen.[13]

Häufig erfolgen die Analysen durch die Betrachtung einzelner Prozesse und anschließender Kommentierung. Für die quantitative Analyse insbesondere semiformaler Methoden wird jedoch versucht eine Modelliersprache, z.B. EPK, in eine formale (Modellier-)Sprache[14], z.B. YAWL, zu übersetzen. Erst dann können die Prozesse automatisiert verifiziert werden.

---

[12] Vgl. Klein et al. (2004), S. 3-7
[13] Vgl. Rittgen (2000)
[14] In eine weitere Modelliersprache, oder sonstige geeignete Computersprachen

3.2. Studie zur Prozessmodellanalyse der SAP-Referenzstruktur[15]

3.2.1. Untersuchung

In der im Jahr 2006 publizierten Studie *A Quantitive Analysis of Faulty EPCs in the SAP Reference Model* der Universitäten Wien und Eindhoven[16] wurden die Prozessmodelle der SAP-Referenzstruktur 4.6 quantitativ analysiert.

Von den insgesamt 9844 Modellen in den 29 Bereichen der SAP-Referenzstruktur wurden für die genauere Untersuchung jene 604 Prozesse ausgewählt, die echte EPKs darstellten (bestehend aus Ereignis, Funktion, Konnektor und Kante). Nachdem die Prozesse in eine Anwendung zur Abfolgeverifikation importiert wurden, analysierte man statistisch inwieweit 15 vorher definierte Fehler vorkamen.

3.2.2. Ergebniszusammenfassung

Diese Studie ist eine der wenigen wissenschaftlichen Arbeiten, die semiformale Prozessmodelle (hier EPKs) empirisch untersucht. Man nahm sich dabei die Modelle der SAP-Referenzstruktur zum Gegenstand und erbrachte den statistischen Beweis, dass eine Abhängigkeit zwischen Fehleranzahl und Prozessgröße existiert.

Der entdeckte Fehleranteil von 5,6% erscheint zunächst relativ gering. Man muss sich jedoch vor Augen führen, dass die untersuchte Referenzstruktur lediglich eine Grundlage ist, auf der das Customizing aufbaut. Zudem vermuten die ausführenden Wissenschaftler selbst, dass trotz ihrer gründlichen Vorgehensweise etliche Fehler unerkannt blieben. Hinzu kommt, dass lediglich eine statistische Analyse, aber keine Plausibilisierung der Prozesse stattfand.

---

[15] Ausführlichere Zusammenfassung der Studie und Ergebnisdarstellung siehe Anhang 1
[16] Mendling et al. (2006)

4.3. Analyse ausgewählter Prozesse

Im folgenden Abschnitt sollen nun beispielhaft zwei ausgesuchte EPK der SAP-Referenzstruktur anhand objektiver Kriterien und subjektiver Erfahrungen aus der Praxis über „gute" und „schlechte" Modelle analysiert werden.

4.3.1. Prozessauswahl und Bewertungskriterien

Prozessauswahl:

Es werden große Prozesse ausgewählt, da diese gemäß der Studie (vgl. 4.2) viele Fehler vermuten lassen.

Bewertungskriterien:

Es findet eine Auswahl etablierter Grundregeln über EPK-Modellierung Anwendung, aufgeteilt in syntaktische Regeln (Y) [17], semantische Regeln allgemeiner Gültigkeit (E) [18] und semantische Kriterien aus der Praxis (P):

Symbol	Beschreibung
Y1	Es gelten die allgemeinen Verknüpfungsregeln.[19]
Y2	Es existieren keine isolierten Objekte.
Y3	Funktionen und Ereignisse haben genau eine eingehende und eine ausgehende Kante.
Y4	Konnektoren sind entweder Splits (1 Eingang, mehrere Ausgänge), oder Joins (mehrere Eingänge, 1 Ausgang).
E1	Funktionen sind Tätigkeitsbeschreibungen, d.h. aktiv.
E2	Ereignisse beschreiben einen erreichten Zustand, der eine weitere Tätigkeit auslösen kann, d.h. sie sind passiv.
P1	Die Information ist aktiv (im Verbalstil) formuliert.[20]
P2	Pro Funktion ist der kleinste ausführbare Arbeitsschritt beschrieben.[21]
P3	Der Aggregationsgrad der Informationen darf nur so hoch sein, dass der Prozess für einen unbeteiligten, aber sachkundigen Dritten ohne Zusatzinformationen ausführbar ist.[22]

Tabelle 1: Einige Grundregeln der EPK-Modellierung[23]

---

[17] Vgl. Rittgen (2000), S. 27
[18] Vgl. Keller et al. (1992), S.10-11, S. 15
[19] Vgl. Anhang 2: Verknüpfungsregeln
[20] So wird verhindert, dass sich mehrere Arbeitsschritte in einem Objekt „verstecken"
[21] Dies gewährleistet einen einheitlichen Aggregationsgrad der Information im Modell
[22] Damit wird sichergestellt, dass 1. die EPK nicht zu einer Wertkette „mutiert" (vgl. 2.3) und wirklich nur einen speziellen Bereich beschreibt, und dass 2. der Prozess kein implizites Wissen voraussetzt.
[23] Quelle: eigene Darstellung

4.3.2.   Prozess: Beschaffung von Material und externen Dienstleistungen [24]

Prozessname und Ort in der SAP-Referenzstruktur:

G32 \ Favoriten \ SB09 – SAP-Referenzstruktur anzeigen \ Geschäftsprozesse \ Beschaffung \ *Beschaffung von Material und externen Dienstleistungen*

Analyseergebnis:

Anzahl vorkommender Objekte [25]				
Ereignisse (E) (ø 11,5)	Funktionen (F) (ø 4,0)	Konnektoren (C) (ø 5,2)	Kanten (A) (ø 20.8)	Schleifen
6	16	9	33	2 XOR
Bewertung der Modellierung				
Symbol	Beschreibung			
Y1	Regelbruch in A1 und A3 (XOR nach Ereignis) [26]			
Y2	Kein Regelbruch			
Y3	Kein Regelbruch			
Y4	Kein Regelbruch			
E1	Funktionen beschreiben keine Tätigkeit (siehe insb. A4: „Lager" ist ein Ort, aber keine Tätigkeit)			
E2	Kein Regelbruch, allerdings: Während alle E eine abgeschlossene Tätigkeit beschreiben, schließt der Prozess mit einem auf die Zukunft gerichteten E ab, d.h. Schnittstellenobjekt als Folgeprozess wäre besser			
P1	Regelbruch in ALLEN Funktionen			
P2	Regelbruch in ALLEN Funktionen			
P3	Regelbruch durch unzureichende Informationsformulierung (siehe z.B. E1)			
Gesamteindruck				
- obwohl der Prozess überdurchschnittlich viele Objekte verwendet, ist der (zumindest für den menschlichen Verstand) nachvollziehbar - die Regelbrüche, insb. bei F, erschweren es jedoch erheblich den Prozess auszuführen (i.S.d. Qualitätssicherung) ohne zusätzliche, erklärende Dokumentation				

Tabelle 2: Analyseergebnis 1

---

[24] Für Modellausdruck siehe Anhang: 0831_Beschaffung_A3.pdf
[25] Die Durchschnittsangaben sind der Studie zur SAP-Referenzstruktur (vgl. 4.2) entnommen und beziehen sich auf die jeweiligen Objekte im Vergleich zu allen Modellen in der Referenzstruktur
[26] A = Abschnitt (vgl. im Modellausdruck)

3.3.3. Prozess: QM in der Materialwirtschaft[26]

Prozessname und Ort in der SAP-Referenzstruktur:

G32 \ Favoriten \ SB09 – SAP-Referenzstruktur anzeigen \ Geschäftsprozesse \ Qualitätsmanagement \ *QM in der Materialwirtschaft*

Analyseergebnis:

Anzahl vorkommender Objekte				
Ereignisse (E) *(ø 11,5)*	*Funktionen (F)* *(ø 4,0)*	*Konnektoren (C)* *(ø 5,2)*	*Kanten (A)* *(ø 20.8)*	*Schleifen*
38	4	17	57	0
Bewertung der Modellierung				
Symbol	*Beschreibung*			
Y1	Regelbruch in A1, A4, A6			
Y2	Kein Regelbruch			
Y3	Kein Regelbruch			
Y4	Kein Regelbruch			
E1	Regelbruch in A2, A5 (Informationssystem ist ein Ort, keine Tätigkeit); in A4 und A6 wäre schnelle Korrektur durch Verbergänzung möglich			
E2	Kein Regelbruch, allerdings: Formulierung wechselt zwischen z.B. „ist durchgeführt" (Vergangenheit) / „soll durchgeführt werden" (Zukunft fakultativ)/ „ist durchzuführen" (Zukunft obligatorisch)→ stark inhomogen, insb. erfordert die obligatorische Zukunft weitere (im Prozess fehlende) Entscheidungen			
P1	Regelbruch in ALLEN Funktionen			
P2	Regelbruch in ALLEN Funktionen			
P3	Prozess ohne tiefere Kenntnis des Ablaufs nicht durchführbar			
Gesamteindruck				
-	der Prozess enthält ungewöhnlich viele Ereignisse und versucht eher den logischen Zusammenhang diverser Zustände zu beschreiben, als ausführbare Arbeitsschritte → eventuelle wäre die Modellierung als z.B. Wertschöpfungskette mit Attributen besser geeignet			

Tabelle 3: Analyseergebnis 2

---

[26] Für Modellausdruck siehe Anhang: 0841_QM_Materialwirtschaft_A3.pdf

3.4. Zusammenfassung der Ergebnisse

Beide untersuchten Prozesse sind fehlerhaft. Da beide Prozesse überdurchschnittlich viele Objekte enthalten entspricht dies auch der These von Mendling et al.: Prozessgröße und Fehleranzahl korrelieren.

Insbesondere enthalten beide Prozesse syntaktische Fehler (vgl. Y1). Syntaktische Fehler könnten eigentlich durch entsprechende Programmierung von vornherein ausgeschlossen werden (d.h. es wäre technisch bestimmbar, welche Verknüpfungen modelliert werden dürfen und welche nicht zulässig sind).

Beide Prozesse sind zur Automatisierung (z.B. als Grundlage für Programmierungen) nicht geeignet, da sie erheblicher Zusatzinformationen zum Verständnis bedürfen.

Die Vermutung liegt nahe, dass die Prozesse in der SAP-Referenzstruktur mittels einem Business Process Model Converter (BPMC) aus SAP R/3 automatisiert generiert wurden, ohne dass sie von ausgebildeten (menschlichen) Modellierern qualitätsgesichert wurden. Um hohen Qualitätsstandards zu genügen, müssten beide Prozesse nachbearbeitet werden.

Zur Handhabung in der Anwendung SAP-Referenzstruktur:

- Schrift in den Objekten ist zu klein, sodass erst hoher Zoom die Lesbarkeit herstellt

- Die Übersicht rechts im Fenster erleichtert jedoch das Navigieren im Prozess

- Die Attribute der Objekte sind nur durch aufwendige Suche, z.B. in den Werkzeugen der SAP Easy Access, sichtbar (zumindest in der vorliegenden Version)

- Navigation in den Prozessen und Attributen beeinträchtigt die Rechnerperformance erheblich

- Beim Ausdruck können zwar Seiten und Druckdatum mit ausgegeben werden, nicht aber der Prozessname. Dieser erscheint erst nach manuellem Nachtragen in „Seite einrichten \ zusätzlicher Text" im Ausdruck.

4. Ausblick

Die meisten Untersuchungen zur Darstellung von Prozessen und etwaig enthaltenen Fehlern betrachten jeweils nur ein vorliegendes, in sich abgeschlossenes Modell. Es stellt sich jedoch die Frage, wie Prozesse und ihre Darstellung aussehen sollen angesichts der Komplexität und Fehleranfälligkeit neuerer Anwendungsarchitekturen, wie z.b. SOA.

Da dort monolithische Applikationen in Module und Kleinstapplikationen zerteilt werden, stellen nicht nur die Prozesse selbst eine Herausforderung dar. Auch die Schnittstellen zwischen den einzelnen Prozessen - sowohl innerhalb eines Moduls, als auch über die Modulgrenzen hinweg - bedürfen bei der Modellierung besonderer Aufmerksamkeit. Ebenso haben Fortschritte in der Rechner- sowie der Netzwerktechnolgie es erlaubt, dass Computer weltweit miteinander in Verbindung stehen und über Systemgrenzen hinweg miteinander arbeiten. Sind die beteiligten Systeme einzeln entstanden und erst nachträglich miteinander verbunden worden, ergibt sich das Problem der Heterogenität. Um von vorne herein eine gemeinsame Systementwicklung zu erleichtern, Kommunikations-, Kosten- und Arbeitsaufwand zu verringern und qualitativ hochwertige Produkte zu realisieren, ist daher die Existenz eines Standards erforderlich. Einen solchen Standard für offene, verteilte Systeme (der auch von SOA adaptiert wird) stellt das Reference Model of Open Distributed Processing (RM-ODP)[27]. Es beschreibt eine theoretische Architektur, die die Portabilität von Applikationen über heterogene Plattformen ermöglicht, das Interworking zwischen ODP Systemen effizient gestaltet, sowie die Transparenz der Systemaktionen gegenüber Benutzer und Anwendungsentwickler erhöht. Es definiert Funktionen und Konzepte, bei deren Beachtung in der Planungs- und Umsetzungsphase ein qualitativ hochwertiges, verteiltes System entstehen soll. Dabei versucht RM-ODP weder die einzelnen Komponenten eines Systems zu standardisieren, noch die zu verwendenden Technologien vorzuschreiben, so dass für die Umsetzung in einem Unternehmen nur mit einem Minimalaufwand zu Rechnen ist.

---

[27] ISO 10746

Literaturverzeichnis

Bücher

Becker, J., Rosemann, M., Schütte, R. (Hrsg.): Referenzmodellierung –
State-of-the-Art und Entwicklungsperspektiven,
Physica-Verlag 1999

Lück, W.: Lexikon der Betriebswirtschaft (6. Auflage),
Oldenburg-Verlag München 2004

Mertens, P., Bodendorf, F., König, W., Picot, A., Schumann, M., Hess, T.:
Grundzüge der Wirtschaftsinformatik (8. Auflage),
Springer-Verlag Berlin Heidelberg 2004

Stahlknecht, P; Hasenkamp, U.: Einführung in die Wirtschaftsinformatik (11.
Auflage),
Springer-Verlag Berlin Heidelberg 2005

Staud, J.: Geschäftsprozessanalyse mit ereignisgesteuerten Prozessketten:
Grundlagen des Business Reengineering für SAP R/3 und andere
betriebswirtschaftliche Standardsoftware,
Springer-Verlag Berlin Heidelberg 1999

Wölfle, R., Schubert, P. (Hrsg.): Prozessexzellenz mit Business Software:
Praxislösungen im Detail,
Carl Hanser Verlag München Wien 2006

Artikel

Hagemeyer, J., Rolles, R., Scheer, A.W.: Der schnelle Weg zum Sollkonzept:
Modellgestützte Standardsoftwareeinführung mit dem ARIS Process
Generator,
In: Scheer, A.-W. (Hrsg.): Veröffentlichungen des Instituts für
Wirtschaftsinformatik; Nr. 152. Saarbrücken: Institut für Wirtschaftsinformatik,
1992

Keller, G.; Nüttgens, M.; Scheer, A.-W.: Semantische Prozeßmodellierung
auf der Grundlage »Ereignisgesteuerter Prozeßketten (EPK)«.
In: Scheer, A.-W. (Hrsg.): Veröffentlichungen des Instituts für
Wirtschaftsinformatik; Nr. 89. Saarbrücken: Institut für Wirtschaftsinformatik,
1992

Klein, R., Kupsch, F., Scheer, A.-W.: Modellierung inter-organisationaler
Prozesse mit Ereignisgesteuerten Prozessketten.
In: Scheer, A.-W. (Hrsg.): Veröffentlichungen des Instituts für
Wirtschaftsinformatik; Nr. 178. Saarbrücken: Institut für Wirtschaftsinformatik,
2004

Mendling, J., Moser, J., Neumann, G., Verbeek, H.M.W:, van Dongen, B.F.
van der Aalst, W.M.P.: A Quantitative Analysis of Faulty EPCs in the SAP
Reference Model.
BPM Center Report BPM-06-08, BPMcenter.org, 2006

Rittgen, P.: Quo vadis EPK in ARIS? Ansätze zu syntaktischen Erweiterungen und einer formalen Semantik, in Wirtschaftsinformatik (Heft 42), S. 27-35, Wiesbaden 2000

Weitere Publikationen

Präsentation: **Lietschulte**, A., Keller, G.: BusinessEngineering mit den R/3 Referenzmodellen (1999)
URL: http://wi99.iwi.uni-sb.de/Folien/Sek08_Lietschulte,Keller.PDF
Stand: 2008-02-16

Weidner. S.: Tutorial SAP-Referenzstruktur (SAP R/3 4.6C) – Version für das HCC TU München.
SAP-HCC Magdeburg (2004)

ANHANG 1

A Quantitative Analysis of Faulty EPCs in the SAP Reference Model.

J. Mendling, J. Moser, G. Neumann

(University of Economics an Business Adimistration, Vienna)

H.M.W. Verbeek, B.F. van Dongen, W.M.P. van der Aalst

(Eindhoven University of Technology)

- Zusammenfassung -

1. Vorgehen

1. Export der Modelle aus SAP mit ARIS XML Export[1] und Transformation nach YAWL XML mit einem Übersetzungsprogramm[2]
2. Analyse des Prozessflusses der YAWL Modelle mit dem WofYAWL[3]
3. Quantifizierung der enthaltenen Objekte mit dem Model Analyser[4]
4. Zusammenführung der einzelnen YAWL XML mit den Ergebnissen des WofYAWL zur einer HTML-Tabelle
5. Import der HTML-Tabelle in SPSS und statistische Analyse (Regressionstests nach Hosmer/Lemeshow und Wald)

2. Annahmen

Basierend auf den bisherigen Erkenntnissen aus Wissenschaft und Praxis wurden folgende Fehlerklassen definiert:

S (model size):   da Modelle hauptsächlich von Menschen gezeichnet werden und deren kognitive Fähigkeiten begrenzt sind, d.h. die Qualität ihrer Arbeit mit der Menge an verwendeten Funktionen, Ereignissen, Konnektoren und Kanten abnimmt, tendieren größere Modelle dazu, mehr Fehler zu beinhalten.

---

[1] Eine Funktion der Anwendung *ARIS Toolset* der Firma IDS Scheer AG
[2] Welcher BPMC verwendet wurde wird nicht erwähnt.
[3] Eine Anwendung zur Abfolgeverifikation, basierend auf Petri-Netzen (www.yawl-system.com); i.e. die Analyse basiert auf der Petrinetz-Semantik
[4] Welches Tool, wird nicht gesagt. In einer abgeleiteten Publikation (Mendling et al. (2006): Errors in the SAP Reference Model) wird jedoch ergänzend die Anwendung ProM (www.processminig.com) erwähnt.

C (model complexity):   wie S, jedoch Bezug auf die Anzahl und Verwendungsart

von Konnektoren und Kanten, d.h. Anzahl und Art

logischer Brüche im Prozessfluss (splits, joins, cycles).[5]

EP (error patterns):   die Konsequenz solcher Brüche, sind deadlocks, livelocks

und Mehrfachterminierungen.[6]

Damit sind insgesamt 15 Fehlervariablen identifizierbar:

No.	Symbol	Definition	Klassen		
1	A	Number of Arcs	S	C	
2	E*start*	Number of Start Events	S		EP
3	E*end*	Number of End Events	S		EP
4	E*int*	Number of Internal Events	S		
5	F	Number of Functions	S		
6	AND*j*	Number of AND joins	S	C	EP
7	AND*s*	Number of AND splits	S	C	EP
8	XOR*j*	Number of XOR joins	S	C	EP
9	XOR*s*	Number of XOR splits	S	C	EP
10	OR*j*	Number of OR joins	S	C	
11	OR*s*	Number of OR splits	S	C	EP
12	Cycle	If the EPC has cycles		C	
13	SC	Split Complexity		C	
14	JC	Join Complexity		C	
15	JSR	Join-Split-Ratio = JC / SC		C	

Quelle: Mendling (2006), S. 10; vereinfachte Darstellung

3. Ergebnis

Die statistische Analyse ergab wie erwartet, dass Prozessgröße und Fehleranzahl korrelieren.

Von den 604 untersuchten Prozessen waren 5,6% fehlerhaft. Betrachtet man dabei die durchschnittliche Anzahl an Objekten und vergleicht sie mit der Objektanzahl in den einzelnen Bereichen, so sieht man, dass für die EPKs in diesen Bereichen meist überdurchschnittlich viele Objekte verwendet wurden.

Eine vollständige Darstellung des Ergebnisses der Studie folgt in Tabelle xxx, wobei zur leichteren Orientierung farblich unterteilt wurde nach:

---

[5] split = verzweigendr Konnektor; join = zusammenführender Konnektor; cycle = Schleife/Kreis
[6] Deadlock = Stillstand durch Verklemmung; livelock = Endlosschleife; Mehrfachterminierung = trotz Prozessende sind noch Funktionen aktiv (Definitionen analog zu Petri-Netzen)

Fehleranteil >= 10%

0% < Fehleranteil < 10%

Fehleranteil = 0%

Branch	Model	%	EPC	%	E	F	C	A	Cycle	Error	%
Asset Accounting	461	4.7%	43	7.1%	13.9	4.0	5.2	23.3	0	7	16.3%
Benefits Administration	50	0.5%	6	1.0%	9.5	3.3	5.8	19.7	3	0	0.0%
Compensation Management	122	1.2%	18	3.0%	7.6	3.4	3.3	13.7	3	1	5.6%
Customer Service	402	4.1%	41	6.8%	16.5	3.6	9.0	29.5	3	1	2.4%
Enterprise Controlling	599	6.1%	22	3.6%	14.3	10.1	6.1	32.1	0	3	13.6%
Environment, Health, Safety	102	1.0%	19	3.1%	3.5	2.7	1.2	7.0	0	0	0.0%
Financial Accounting	614	6.2%	54	8.9%	13.0	4.0	5.1	21.8	0	3	5.6%
Position Management	4	0.0%	0	0.0%	0.0	0.0	0.0	0.0	0	0	n.a.
Inventory Management	184	1.9%	3	0.5%	15.0	7.0	6.0	28.0	2	0	0.0%
Organizational Management	37	0.4%	5	0.8%	12.0	3.0	6.6	24.0	3	0	0.0%
Payroll	541	5.5%	7	1.2%	5.7	3.1	2.1	11.4	0	1	14.3%
Personnel Administration	15	0.2%	4	0.7%	7.3	1.5	4.0	12.3	0	0	0.0%
Personnel Development	60	0.6%	10	1.7%	8.7	2.5	4.4	15.6	3	1	10.0%
Personnel Time Management	87	0.9%	12	2.0%	10.8	3.0	5.3	19.5	1	2	16.7%
Plant Maintenance	399	4.1%	35	5.8%	20.5	4.2	11.4	37.8	9	1	2.9%
Procurement	444	4.5%	37	6.1%	6.7	3.5	2.7	12.4	0	2	5.4%
Product Data Management	366	3.7%	26	4.3%	4.5	5.4	2.2	13.7	0	0	0.0%
Production	296	3.0%	17	2.8%	8.8	3.0	2.9	13.7	0	1	5.9%
Production Planning	194	2.0%	17	2.8%	5.7	2.9	3.0	11.5	0	0	0.0%
Project Management	347	3.5%	36	6.0%	8.5	3.8	2.2	14.0	0	0	0.0%
Quality Management	209	2.1%	20	3.3%	20.5	3.8	11.7	37.8	1	1	5.0%
Real Estate Management	169	1.7%	6	1.0%	12.7	6.5	7.3	27.0	1	1	16.7%
Recruitment	56	0.6%	9	1.5%	7.4	2.6	4.1	13.8	3	0	0.0%
Retail	842	8.6%	1	0.2%	7.0	5.0	2.0	11.0	0	0	0.0%
Revenue & Cost Controlling	568	5.8%	19	3.1%	16.5	10.2	7.9	36.0	1	1	5.3%
Sales & Distribution	703	7.1%	76	12.6%	10.6	3.1	4.3	16.6	0	1	1.3%
Training & Event Management	95	1.0%	12	2.0%	13.0	2.7	6.2	22.2	0	1	8.3%
Travel Management	116	1.2%	1	0.2%	24.0	7.0	16.0	48.0	0	0	0.0%
Treasury	1761	17.9%	48	7.9%	10.5	3.5	4.5	18.1	0	6	12.5%
All 29 Branches	9844	100%	604	100%	11.5	4.0	5.2	20.8	33	34	5.6%

E (Durchschnittsanzahl Ereignisse), F (Durschnittsanzahl Funktionen), C (Durchschnittsanzahl Konnektoren), A (Durchschnittsanzahl Kanten)

Quelle: Mendling (2006), S. 10, farbig ergänzt

ANHANG 2

Verknüpfungsregeln

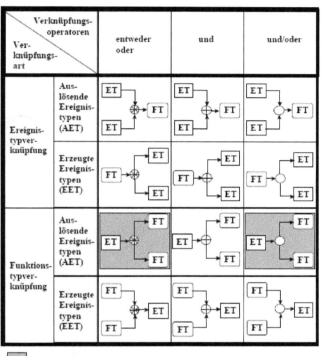

nicht erlaubt

ET=Ereignistyp
FT=Funktionstyp

Quelle: Keller et al. (1992), S. 15